AF258207

OBSERVATIONS

ADRESSÉES

AU C. ROYER,

SUR SA LETTRE PASTORALE.

A PARIS,

Chez LE CLERC, Imprimeur, rue des
Noyers, N° 34.

AN VII.

OBSERVATIONS

ADRESSÉES

AU C. ROYER,

SUR SA LETTRE PASTORALE.

J'ai lu, Citoyen, votre Lettre Pastorale. Je vous envoie mes observations.

Vous n'invitez qu'à la paix, à la piété, et à se réunir autour de vous. Il me semble qu'un silence profond et long-tems observé convenait mieux aux circonstances actuelles. Dans un pays où il n'y a pas une même opinion religieuse, où chacun se sent en pleine liberté de suivre celle qu'il professe, tout homme à la tête d'un culte, doit mettre une grande circonspection à adresser publiquement la parole à ceux d'un culte différent, afin de ne pas donner lieu à troubler la tranquillité réciproque.

A 2

Vous avez, il est vrai, l'attention de ne pas parler de la constitution civile du Clergé, de n'en pas même prononcer le nom ; mais, du moment que vous appelez ceux qui ne l'ont pas adoptée, à vous reconnaître pour leur Évêque, vous réveillez cette ancienne question ; vous vous présentez de vous-même à l'application que tant de personnes vous feront de tout ce qui en a été dit depuis sept ans.

Votre Lettre Pastorale est écrite avec un grand ton de piété ; mais vous êtes trop instruit, Citoyen, pour ne pas convenir que le plus beau langage ne tient pas lieu de titre, et que, lorsqu'il s'agit d'exercer une autorité, et de la faire reconnaître, c'est son titre et sa qualité qu'il faut d'abord établir.

S'il s'élevait contre vous un concurrent qui affectât de mettre dans ses écrits autant de piété que vous en avez mis dans le vôtre, vous n'en seriez pas moins le premier à le regarder comme un *loup couvert de la peau de brebis*. Ainsi le style d'une lettre pastorale, et le ton imposant qu'on peut chercher à lui donner, ne disent rien par eux-mêmes. Il faut avant tout, avoir un titre, ne pas le supposer reconnu, et ne pas se dispenser de le

(5)

produire, quand on sait qu'il existe de grands moyens de le contester.

Votre silence sur la constitution civile du Clergé, n'est donc qu'un silence de discours, que vous rompez par votre conduite, puisque vous mettez ceux à qui vous vous annoncez pour leur Évêque, dans la nécessité d'examiner si vous l'êtes. Peut-être répondrez-vous que les formes d'élection établies par la constitution civile du Clergé n'existent plus, et que vous avez été élu Évêque de Paris, partie suivant les formes adoptées par votre Concile national, partie suivant les règlemens dérogatoires du Presbytère de Paris. Mais, outre que votre introduction dans l'Épiscopat remonte à la constitution civile du Clergé, puisque vous n'étiez Évêque du département de l'Ain que d'après elle, votre Concile n'était composé que d'Évêques qui ont la même origine. L'autorité des actes d'un Concile, quel qu'il soit, dépend d'abord de la qualité et du droit des évêques qui le composent. Ainsi la question demeure toute entière sur le Concile et sur vous. Et il paraît, par rapport à vous-même, que votre élection à Paris réunit et tous les embarras de la constitution du Clergé, et la violation même des formes prescrites par votre Concile.

D'après cet apperçu , puisque vous étiez assez désintéressé , dites-vous, *pour ne vouloir pas de l'Évêché de Paris* , assez heureux pour avoir d'abord *pris la fuite* , que n'avez-vous poussé la sagesse jusqu'à persévérer dans votre refus.

Quoi qu'il en soit , puisque vous demandez à être regardé comme légitime supérieur écclésiastique, vous forcez d'entrer en matière avec vous, et à examiner votre mission. Je me livrerai à cet examen franchement et sans détour , sous les yeux même du gouvernement , à qui la constitution civile du Clergé et toutes ses suites religieuses sont , il y a long-tems, parfaitement indifférentes. Le comité de Législation de la Convention nationale , en envoyant aux autorités constituées les lois concernant la liberté des cultes , leur disait dans sa lettre circulaire du 29 prairial an III : « Il serait inutile de vous observer » que la constitution civile du Clergé n'est » plus une loi de la république , s'il ne s'était » élevé à cet égard des prétentions qui ne » peuvent désormais être autorisées ».

Le même comité s'expliquait plus formellement encore dans une autre circulaire sur le même objet aux Procureurs-Généraux-Syndics des départemens : « On ne peut pas

» rechercher les ministres qui n'ont pas prêté
» le serment prescrit par les lois des 26
» décembre 1790 et 17 avril 1791, ou qui
» ayant prêté le serment, l'ont rétracté,
» parce que la convention nationale ayant
» déclaré que la constitution civile du Clergé
» n'était plus une loi de la république, il
» n'existe aucun motif de poursuivre qui que
» ce soit pour un serment qu'on n'est pas
» en droit d'exiger (1) ».

Enfin le Directoire Exécutif lui-même,
faisant, avant les derniers événemens de
Rome, un traité de paix avec le Pape, et
exigeant pour une des conditions, qu'il serait
fait à la république française, des explications
et des satisfactions sur la mort violente du
citoyen Basseville secrétaire d'ambassade à
Rome, ne demanda aucune explication sur
les différens brefs qui ont jugé et condamné
la constitution civile du Clergé, parce que
cette constitution et ces brefs sont des objets
religieux dont le gouvernement français ne
se mêle pas.

Nous pouvons donc, vous et moi, Citoyen,
traiter à découvert cette question, vous par

----

(1) Voyez lois relatives à la liberté des cultes, suivies des
circulaires du comité de législation, sous les numéros B 126,
D 665, au dépôt des lois.

les actes de votre concile et par vos lettres pastorales, moi par mes observations. Nous le pouvons, dis-je, en parfaite sécurité, tant que nous ne nous écarterons pas de la ligne religieuse.

Qu'est-ce donc que la constitution civile du Clergé à laquelle vous et vos collègues du Concile devez l'épiscopat? C'est une loi civile; civile, dis-je, soit de la part de ses auteurs qui n'étaient revêtus que d'une puissance civile, soit dans leurs vues qu'ils exprimèrent par le titre même de la loi, *constitution civile*, soit par l'accueil que lui ont fait toutes les autorités spirituelles, qui loin de la revêtir d'aucun caractère religieux, l'ont au contraire déclarée en opposition avec tous les principes de l'Église catholique.

Cette loi cependant reconnue et proclamée par vous-même comme purement *civile*, a fait exister un corps de ministres, donnant à l'un la qualité d'Évêque métropolitain, à l'autre celle d'Évêque suffragant; elle a fait élire les uns et les autres par des assemblées électorales, les mêmes qui avaient élu les fonctionnaires civils, c'est-à-dire par des électeurs pris sans choix parmi les citoyens des différentes opinions religieuses.

Elle a fait donner dans certains cas l'institution canonique par tel évêque que le tribunal civil du département désignerait....(1).

Telles sont en abrégé les dispositions de la constitution civile du Clergé concernant la question actuelle.

Vous reconnaissez, Citoyen, dans votre Lettre Pastorale, que « la manière d'élire et
» d'instituer les ministres a beaucoup varié ;
» que souvent les circonstances nécessitèrent
» des changemens dans le même siècle ; que
» ces changemens furent toujours *approuvés*
» par l'Église, ce qui rendit légitimes
» les élections qui en résultèrent ». Vous convenez donc que les diverses formes d'élection et d'institution ont dû être approuvées par l'Église, pour légitimer les opérations qui les ont suivies. Mais où est l'approbation donnée par l'Église à la constitution civile du Clergé, et aux élections ecclésiastiques dont elle a été la source ?

Vous répondrez que cette manière d'élire est conforme à l'ancienne discipline, d'où le Concordat s'était écarté.

D'abord il s'en faut de tout, Citoyen, que les élections des ministres aient été

---

(1) C'est ainsi que le feu Évêque Gobel reçut sa mission pour le siége de Paris, et qu'elle a été donnée à plusieurs autres Évêques de la même création, etc., etc.

faites, dans aucun siècle, par des assémblées civiles, composées indifféremment de citoyens de toutes les religions existantes dans un état où la liberté des cultes est établie par les lois. Je vous demande à vousmême, si, lorsque vous dites, si, lorsque votre Concile dit que le peuple doit choisir ses ministres, vous avez prétendu dire indistinctement *le peuple catholique ou noncatholique.* Je vous demande surtout, si, lorsque S. Cyprien, dans le texte que vous citez, regardait *le suffrage du Clergé et du peuple réuni, comme le jugement de Dieu et de Jésus-Christ,* il voulait parler d'une élection désavouée par le chef de l'Église, par la presque totalité des premiers pasteurs légitimement institués, et où le peuple votant se trouve mêlé, sans choix, de fidéles et d'étrangers à l'Église. Soyez de bonne foi, et convenez qu'il n'y eut jamais d'élections faites, ni peut-être tentées suivant cette forme; que s'il y en avait eu, on ne les aurait jamais reconnues; que S. Cyprien et les autres grands Évêques de l'antiquité ne se seraient pas tus devant une vacance prononcée par la seule puissance civile, et un remplacement ou une élection épiscopale quelconque qui serait émanée, soit d'une loi civile, soit d'un corps électoral, où les

électeurs eussent été dispensés d'être chrétiens, et où il eût été notoire qu'un grand
nombre ne l'était pas. Voilà cependant comment vous êtes entré dans l'épiscopat ; comment tout votre concile y est entré ; pré-
tendrez-vous encore que ces élections res-
semblent aux anciennes manières d'élire ?

Aussi votre Concile s'est-il hâté de chan-
ger cette forme, et de donner aux élections
futures plus de ressemblance avec les anciennes. Mais il demeure toujours vrai que vos
Évêques du Concile ont été élus d'une manière différente de toutes les formes antiques
quelconques, et d'après une discipline purement *civile*, dont aucune société religieuse,
soit chrétienne, soit non-chrétienne, n'aurait voulu ; car il est également contraire à
toute idée raisonnable, soit que les chrétiens
concourent à nommer des Rabbins pour les
juifs, soit que les catholiques nomment des
ministres pour les protestants, soit que les
protestants et les juifs, admis par les ois
civiles dans un corps électoral, y soient
appelés, comme ils l'étaient par la constitution civile du Clergé, à concourir à la nomination des Évêques et des Curés pour les
églises caholiques.

Depuis 1791, époque des élections épiscopales dont il s'agit , les choses ont fait bien des progrès. En 1792 , on massacra les ministres de la religion qui avoient résisté à la constitution civile du clergé. En 1793 , on abjura publiquement le christianisme , on en foula aux pieds tous les symboles , etc. etc. Dans le moment actuel , on ne parle plus que de fanatisme ; on n'affiche plus que contre le fanatisme , et vous êtes obligé de convenir que ceux qui voulurent en 1790 donner une forme plus régulière , plus apostolique à l'Eglise Gallicane , sous le nom de constitution civile du Clergé , ainsi que la plupart de ceux , ou qui vous élurent à l'épiscopat , ou qui vous y introduisirent , se trouvent aujourd'hui en très-grand nombre parmi les ennemis les plus déclarés du christianisme.

Mais enfin , quand il serait vrai que la forme d'élection introduite par la constitution civile du Clergé , ressemblait à quelqu'unes de celles anciennement usitées , que pourriez-vous en conclure ?

De votre aveu ; « les manières d'élire ont
» extrêmement varié , et il serait très-difficile
» de prouver que , dans un seul et même
» siècle , on eût suivi un mode parfaitement
» uniforme ; les circonstances , les localités ,
» la disposition des esprits , nécessiterent
» souvent des changemens plus ou moins con-

» sidérables : or, ces différentes formes furent
» toujours approuvées par l'église, ainsi que
» les élections qui en résultèrent ; » ce sont
là vos paroles. *Puisque le mode d'élection a
varié, puisqu'il n'a pas été uniforme même
pendant un seul et même siècle, puisque
c'est l'approbation donnée par l'église qui a
validé ces variations ;* quiconque voudra revenir aux formes anciennes, devra cependant
être fixé à telle ou telle forme par une autorité
compétente. Car, n'avoir pas une règle autorisée ; rendre chacun libre, sous prétexte
d'imiter les anciennes règles, de suivre celle
qui lui plaira, serait admettre l'anarchie
en principe. Votre Concile l'a très-bien com-
pris, puisqu'il a fixé le mode d'élection, et
qu'il l'a fixé apparemment de manière à ne
pas vouloir laisser à chaque presbytère la
liberté d'en suivre d'autres, sous prétexte de
ressemblance avec l'usage de tel ou tel siècle.
Maintenant c'est à vous de nommer l'autorité
spirituelle qui, lors de l'établissement de la
constitution civile du Clergé, a déterminé
laquelle des disciplines anciennes devait de
préférence être remise en vigueur.

Vous êtes déjà vous-même aux prises avec
cette licence. Vous vous plaignez de la scission
qui a eu lieu dans la poignée d'Ecclésiastiques

et de Laïques qui se sont occupés de la nomination d'un Évêque de Paris , et dont une
partie ne vous reconnoit pas , parce qu'on a
dérogé , en vous nommant, aux règles établies
par votre Concile. Le Concile a pris dans
l'antiquité les formes électives qui donnent
au peuple le plus d'influence dans les élections;
le presbytère de Paris s'est cru engagé par
les circonstances, à prendre dans la même antiquité , celles où le clergé prenait l'influence
la plus grande. De-là est née une première
réclamation contre la légitimité de votre titre ;
et bientôt il s'en est joint une seconde contre
votre translation, que plusieurs jugent n'être,
ni conforme aux principes de la plus haute
antiquité , ni dans le cas des exceptions utiles ,
parce qu'on pouvait facilement trouver dans
le sein du presbytère même , un homme capa-
ble de remplir votre place.

Toutes ces questions de droit et de fait
furent agitées dans les assemblées que je me
suis permis d'appeler une poignée d'électeurs.
On peut en juger par celles tenues dans l'église
de Notre-Dame , qui furent les plus nombreuses apparemment. Vos fidèles de deux
arrondissemens , c'est-à-dire de huit sections
ou à-peu-près, y étaient tous réunis. Ils com-
posaient deux assemblées séparées ; l'une

àvait à - peu - près soixante ou soixante-dix
votans , dont trois ou quatre prêtres ; l'autre
en avait treize , Prêtres ou Laïques , dont le
discernement était difficile à faire , tous étant
en costume séculier.

Là donc , le président soumit à l'assemblée l'historique des opérations du presbytère
qui avoient précédé , des dérogations qu'on
avait cru devoir faire aux statuts du Concile ,
et du choix que le presbytère avait fait de
votre personne. La discussion fut ouverte sur
les deux points.

Une minorité , mais une minorité très-pro-
noncée et très-ardente en principes , s'éleva
avec force contre la prépondérance que le
presbytère s'était donnée dans l'élection , en
écartant au préjudice des fidèles , les formes
les plus populaires que le Concile avait ré-
tablies.

Le président de la plus nombreuse des deux
assemblées , qui avait précédemment présidé
le presbytère , se vit obligé de sortir de son
calme pour en défendre les opérations ; il
montra que les formes avaient varié dans des
temps divers ; que l'église avait sanctionné
ces variations ; que la manière d'élire du
presbytère avait ses modèles dans la discipline
ancienne ; que c'était à l'autorité ecclésias-

tique à fixer celles qui convenaient aux circonstances , et que le presbytère revêtu de cette autorité , avait jugé celle-là nécessaire.

La minorité opposante persista dans son objection contre le droit que le presbytère avait pris de choisir lui tout seul un mode d'élire qui blesse les droits des fidèles. Le président rétablit aussitôt la question en faveur du presbytère. Des voix confuses s'écrièrent avec agitation , *appuyé , appuyé ! Aux voix , aux voix ! Fermez la discussion.* Alors le président : « que ceux qui sont » d'avis, etc. veuillent lever la main, etc. etc.» la grande majorité des soixante-dix votans se déclara pour le presbytère et pour vous ; une partie de la minorité quitta ouvertement l'assemblée.

J'ignore , Citoyen , en combien d'autres églises on s'occupait ce jour-là , qui était celui fixé par le presbytère , de la même opération ; mais si nous comptons les églises où la constitution civile du Clergé n'a jamais pénétré, celles qui l'ont abandonnée après l'avoir adoptée , celles qui ont fait la scission dont vous parlez dans votre Lettre Pastorale , il en résultera que peu de personnes ont concouru à votre élection.

Ce calcul se confirme par le relevé d'un

scrutin fait par le Clergé, et que le presbytère a rendu public il y a quelques mois, par l'impression et l'affiche. On y comptait cent cinquante votes à-peu-près distribuées sur plusieurs sujets. Vous étiez du nombre de ceux-ci, et vous réunissiez alors environ le huitième des suffrages. Votre scission n'avait pas eu lieu encore ; ainsi le nombre des votans égalait à cette époque la totalité du Presbytère.

Cent cinquante Ecclésiastiques dans le département de la Seine, sont un Clergé bien peu nombreux, quand on fait attention que votre société religieuse n'a pas de terreur à craindre, et que l'application rigoureuse des lois de 1792 et 1793 ne regardent pas vos ministres. Le nombre des Laïques votans se trouve sans doute proportionné partout à celui des Ecclésiastiques. A quoi donc doit se réduire la totalité de vos électeurs depuis la scission dont vous vous plaignez, et qui s'est étendue dans les deux classes ? L'élection de M. Gobel, à laquelle, ni le Clergé, ni le Peuple ne furent pas appelés en masse, mais par députés, c'est-à-dire par un électeur peut-être pour cinq ou six cents citoyens, fut incomparablement plus imposante par le nombre que la vôtre, à laquelle tous les individus âgés de vingt-un ans, et faisant profession de votre culte, ont été invités.

Voilà, Citoyen, en l'analysant de près, le véritable état de votre élection ; il s'en faut qu'on y trouve le spécieux de ce principe du Pape St.-Léon, dont vous vous êtes fait l'application : « celui qui doit être placé » à la tête de tous, doit être choisi par tous. » Et voilà aussi l'inconvénient qui se trouve à vouloir recourir aux formes anciennes, si nombreuses, si disparates, sans avoir une autorité convenue qui détermine celle de ces formes à laquelle on doit s'arrêter. Vos scissionnaires vous reprochent d'avoir été élu contre les règles de votre Concile, d'avoir été transféré du département de l'Ain à celui de la Seine, sans cause suffisante. Mais ce qui est beaucoup plus sérieux et plus imposant ; le Saint Siège et toute l'Eglise Catholique reprochent à votre Concile tout entier, de devoir l'épiscopat à la constitution civile du Clergé, qui n'est ni ressemblante à aucune ancienne manière d'élire, ni autorisée par aucune sanction ecclésiastique.

, « Toutes les différentes manières d'élire » furent, dites-vous, toujours approuvées » par l'Église ; on ne doit en excepter que » le Concordat qui ne fut que toléré ».

Beaucoup de vos lecteurs et des miens ignorent peut-être ce que c'est que le Concordat. Il faut le leur apprendre, pour les mettre en état d'apprécier vos observations et les miennes.

Le Concordat fut un traité entre le Pape Léon X et le Roi François Premier, en vertu duquel les Rois de France présentaient au Pape les sujets à nommer aux évêchés vacants, et le Pape donnait aux sujets présentés par le Roi, la nomination et l'institution canonique, après s'être assuré de leur capacité et de leurs mœurs.

Je n'entreprends pas, Citoyen, l'apologie de cette manière de remplir les siéges épiscopaux; cette question traitée en elle-même serait une digression même fort longue; et, pût-elle être terminée dans quelques lignes, je ne l'entreprendrais pas, parce que je veux aller le plus directement et le plus brièvement possible à mon but.

Le Concordat ne fut donc que toléré. Mais, de votre aveu, il fut au moins toléré; il fut approuvé en 1516 par le cinquième Concile de Latran; il s'exécutait en France depuis près de trois siècles, et pendant le Concile de Trente; c'est encore dans cette même forme que les Évêques sont nommés dans la plupart des états catholiques.

Sous la *tolérance* donc du Concordat, les Évêques de France étaient nommés et institués canoniquement par le chef de l'Église. Toute mission qui vient immédiatement de cette source, ne peut dans aucun cas être équivoque, ni donner lieu au plus léger doute.

En détruisant le Concordat, la valeur de ce qu'on lui substituera, quoi que ce puisse être, dépendra toujours nécessairement, dans l'ordre spirituel, de l'autorité spirituelle qui l'approuvera. Encore une fois, sans ce principe qui fixe tout, chacun se jettera, sous prétexte d'antiquité, sur ce qui conviendra le plus à ses idées, à ses opinions, à son intérêt. Or, quelle est l'autorité ecclésiastique qui a approuvé, qui a même *toléré* la constitution civile du Clergé ?

Vous êtes « appelé, dites-vous, à vous » asseoir sur le siége vénérable des Denis, » des Marcel, des Germain et de tant de » Saints Évêques qui ont été la gloire de » l'Église Gallicane ». C'est-là précisément, Citoyen, ce que l'on vous conteste de toutes parts. Mais ce qui est reconnu de tout le monde, c'est que vous vous asseyez sur le siége de feu M. Gobel. Vous n'avez d'autre prédécesseur certain que celui-là. M. Gobel s'était d'abord prononcé dans l'assemblée

constituante, par ses discours et ses écrits
contre les innovations qu'on préparait dans
le Sanctuaire. Il changea de principes et de
conduite, et se déclara pour la constitution
civile du Clergé, dont il devint un des premiers zélateurs. Nommé par le corps électoral à l'évêché de Paris, il demanda l'institution canonique au feu Archevêque de
Sens (Brienne) qui la lui refusa. Alors il eut
de nouveau recours à la constitution civile
du Clergé, et s'adressa au tribunal civil du
département de Paris, qui, conformément à
cette constitution, désigna un autre Évêque
de qui il reçut son institution. Cet Évêque
instituant n'était pas lui-même de la métro-
pole de Paris : bien plus, il s'était démis, à
cette époque, de son évêché; il avait re-
noncé à la juridiction sur son propre diocèse.
Comment l'acte de désignation rendu par le
tribunal pouvait-il donc lui donner qualité
pour conférer à M. Gobel la mission et la
juridiction spirituelle sur le diocèse de Paris?
Vous expliquerez tout cela mieux que moi,
citoyen, qui avez été fait Évêque suivant
cette constitution, et institué apparemment de
la même manière dans le département de l'Ain.

Quoi qu'il en soit, M. Gobel se crut et
se déclara appelé *à s'asseoir sur le siége*

vénérable des Denis, des Marcel, des Germain et des saints Évêques qui ont été la gloire de l'Église Gallicane. Il fit sa Lettre Pastorale, son Exposition de Principes, etc. Il adressa, notamment aux religieuses après leur sortie du cloître, une instruction dans laquelle vous ne mettriez pas vous-même plus de piété, plus de pathétique qu'il n'en mit.

Les événemens se succédèrent. M. Gobel devint président de la société des Jacobins. Bientôt il parut en bonnet rouge à la barre de la convention nationale, et donna le premier exemple d'abdication de l'épiscopat et du sacerdoce. Vous savez, Citoyen, qu'avant de mourir, Dieu lui fit la grâce de rentrer en lui-même ; et vous n'ignorez pas ce qu'il pensa, dans ce moment, de son introduction dans l'évêché de Paris.

Vous ne pouvez refuser de reconnaître qu'un nouvel ordre de choses, forcément introduit dans l'épiscopat par une puissance civile, tant contesté, tant censuré par la puissance spirituelle, et qui débute encore par un tel premier Évêque, n'est pas propre à rassurer sur la légitime institution de celui qui lui succède suivant le même ordre. Vous trouveriez peu de chrétiens, Citoyen, qui ne préférassent d'imiter Gobel mourant dans des sentimens de pénitence, que Gobel montant sur *le siége des saints Évéques qui ont fait la gloire de l'église de Paris.*

» Une idée vient vous remplir d'amer-
» tume, dites-vous. Pourquoi deux trou-
» peaux, deux pasteurs divisés ? Jusqu'à quand
» la plaie dévorante du schisme rongera-
» t-elle le cœur de l'Église Gallicane ? ...
» Souffrez, ajoutez-vous, en vous adressant aux ecclésiastiques qui ne reconnurent pas la constitution civile du Clergé, ou qui l'ont abandonnée, « Souffrez que je fasse auprès
» de vous une nouvelle tentative ». Tout ce que vous leur dites est très-pathétique. Vous vous appliquez tout le désintéressement, toute la générosité de S. Clément, martyr, de S. Grégoire de Naziance. Vous êtes *prét à des-cendre de votre siége, à être précipité dans la mer, comme Jonas, pour appaiser cette horrible tempéte,* etc., etc.

Mais avant tout, Citoyen, parlons vous et moi en théologiens qui approfondissent les questions, et qui laissent à des hommes emmiélés le pauvre talent de faire retentir aux oreilles des simples une certaine piété harmonieuse, afin de les enchanter.

Montrez, montrez la validité de votre titre,

et la légitime origine des Évêques établis d'après la constitution civile du Clergé : voilà le point décisif ; sans ce préalable , vous tien- driez vingt Conciles , que leurs actes n'auront d'autre valeur que celle de cette même cons- titution à laquelle votre épiscopat remontera toujours. Et vous mettriez dans vos Lettres Pastorales , dans vos écrits , dans vos prédi- cations , le style des anges , vous seriez un Évêque à miracles , que vous n'auriez que *la peau de la brebis* , sans avoir la qualité de Pasteur , et que vous seriez *cet ange descendu du ciel* , *auquel* , suivant St.-Paul , *il ne faudra pas croire.*

« Souffrez, continuez-vous, en vous adres-
» sant aux Ecclésiastiques non-sermentés ,
» que je fasse auprès de vous une nouvelle
» tentative. Soumis comme nous à la Répu-
» blique (car je dois croire à la sincérité
» de vos sermens), qui peut donc empêcher
» la réunion ? ». Votre logique, Citoyen, est cette fois bien en défaut. La liberté des cultes est proclamée depuis 9 ans ; la République n'en reconnoît aucun ; et vous prétendez que la sincérité des sermens qu'on aurait faits à la République , sont un engagement à recon- noître votre culte et votre qualité d'Évêque ? Vous pouvez tout au plus tenir ce langage à

ceux qui ont fait le serment de 1791 , et qui ne l'ont pas rétracté.

A ce mot *rétracté* , ne vous hâtez pas de croire que je blesse la soumission aux lois de la république. Le serment de 1791 est le seul dont il puisse être question entre vous et moi. Tous les autres actes que les lois ont prescrits aux Ecclésiastiques , n'ont aucun rapport avec les opinions religieuses.

Je ne craindrais pas de m'expliquer sur les rétractations en présence du gouvernement même , et je m'en expliquerais franchement. Le serment de 1791 était conçu en ces termes : *je jure fidélité à la nation , à la loi et au roi , et de maintenir de tout mon pouvoir la constitution ;* à quoi les Ecclésiastiques fonctionnaires publics devaient, pour reconnaître la constitution civile , ajouter : *je jure de prendre soin des fidèles qui me sont confiés.*

La première partie de ce serment ; *je jure d'être fidèle à la nation et à la loi* , est la seule encore en vigueur. Tout le reste , *la fidélité au roi , l'engagement de maintenir la constitution de* 1791 , *la constitution civile du Clergé* , se trouve aboli et rétracté par la république et par vous-même. La rétractation dont il s'agit , n'a pour objet que cette dernière partie du serment ; la première concernant la nation et la loi, est intacte. Ainsi les Ecclésiastiques qui se sont rétractés, ne l'ont fait que sur des objets que la république a désavoués, et sur lesquels elle s'est formellement rétractée.

Après avoir invoqué la sincérité des sermens, pour solliciter tout le monde à vous reconnaître, vous invoquez l'amour de la paix. Ceux qui ne vous reconnaissent pas pour leur Évêque, ne sont, Citoyen, ni des hommes de trouble, ni des hommes sans caractère.

Appelez-vous troubler l'ordre public, que de ne pas vous honorer comme légitime successeur de St.-Denis ? Mais ne serait-ce pas vous qui le troubleriez plutôt en prétendant que vous l'êtes, et en provoquant l'examen de cette question sur laquelle il est impossible de passer à pieds joints, à moins d'être sans caractère et sans délicatesse sur la dépendance ecclésiastique que l'on doit à ses légitimes supérieurs.

Soyez au moins conséquent. Votre Concile adressa aux Ecclésiastiques non-sermentés une Lettre Circulaire ; peu lui répondirent, parce que le grand nombre regarda l'autorité du Concile comme n'étant pas assez sérieuse pour ébranler des principes les mieux établis ;

et voilà que dans sa dernière séance, le Concile déclare qu'il se croit « permis de regarder » leur silence comme le symptôme d'une » cause insoutenable ; car si la vérité était » leur partage, dit-il, au lieu de la tenir » captive, ils devraient, suivant l'expression » de Notre-Sauveur, *l'annoncer sur les toîts.* » Puisque vous tirez parti du silence pour prétendre que l'on vous donne gain de cause, ne dites pas que l'on trouble la paix quand on vous méconnaît et qu'on vous répond.

On vous prête d'aller disant par-tout que si M. de Juigné revient, vous serez le premier à le reconnaître, et que vos vues, en acceptant l'évêché de Paris, sont uniquement de ne pas laisser ce diocèse sans Évêque. J'ignore si ces propos sont vrais ; mais s'ils le sont, comme plusieurs personnes l'assurent, pourquoi vous donneriez - vous si gratuitement l'air d'être prêt à faire un sacrifice à M. de Juigné rentrant, dans un moment où les choses paraissent se disposer si peu pour son retour? On dirait qu'ayant pris sa place malgré lui, vous affectez envers lui encore une générosité qui ne vous coûte aujourd'hui qu'une phrase, par laquelle vous voulez calmer ceux qui croiront par ignorance, qu'en vous reconnoissant pour Évêque, ils ne se détacheront pas pour cela de M. de Juigné.

Mais , si en effet les lois qui s'opposent aujourd'hui à sa rentrée en France , venaient à s'adoucir ; le reconnaîtriez-vous , et pourriez-vous vous-même, si vous êtes conséquent, le reconnaître ? Car, ou vous regardez M. de Juigné comme étant encore vrai titulaire du siége de Paris , ou vous l'en croyez déchu ; s'il en est titulaire , le siége n'aurait donc pas vaqué ; et s'il n'a pas vaqué , pourquoi l'avez-vous accepté ?

Au contraire , si M. de Juigné est déchu , si vous remplissez un siége qui était vacant, il serait intrus en y rentrant , et vous ne pourriez pas lui tenir votre parole.

Répondrez-vous que vous donneriez alors votre démission ? Mais cette démission ne replacerait pas encore M. de Juigné sur son siége ; il faudrait en outre le faire élire , lui faire donner la mission canonique suivant la discipline de votre Concile ; sans tout ce préliminaire , M. de Juigné rentrant dans son siége , y rentrerait selon vous par la porte de l'intrusion ; votre engagement à rendre le siége à M. de Juigné , n'est donc qu'un discours en l'air.

Quant au précepte de charité que vous prétendriez remplir en occupant la place de M. de Juigné , *toujours en attendant sa ren-*

(29)

trée ; je vous demande , Citoyen , si St.-Atha-
nase , si St.-Jean-Chrisostôme , si tant de
Sts.-Évêques exilés , chassés de leur siège ,
de leur patrie , comme l'est aujourd'hui M.
de Juigné , regardèrent ceux que l'on mit
à leur place comme des hommes de charité
qui faisaient dans leurs diocèses ce que leur
position les empêchait de faire eux-mêmes.

Toutes ces belles paroles de charité , d'uti-
lité , Citoyen , éblouissent les simples ; mais
les gens instruits vous demanderont toujours
votre titre , parce qu'ils savent bien qu'un
Évêque doit en avoir un , et qu'il ne peut
le recevoir que par une nomination et une
institution légitimes.

Vous êtes le maître d'inviter, de réitérer
les tentatives, de multiplier les *tendres sol-
licitations*. Mais on sera aussi le maître de
s'y refuser. Les ecclésiastiques qui ne firent
pas le serment de 1791 , ne reconnaîtront pas
aujourd'hui votre souche épiscopale qui n'a
pas acquis une meilleure origine, ni une
juridiction plus rassurante qu'en 1791.

Ceux qui se sont rétractés l'ont fait avec
connaissance de cause , par conviction et par
conscience. Ils ont reconnu la nullité des
pouvoirs qui leur avaient été donnés par votre
prédécesseur Gobel ; et ils se sont attachés

à réparer, autant que la sagesse l'a permis, la nullité des actes religieux émanés de ces pouvoirs. Les fidèles les voyant revenir à l'unité, et pourvus de pouvoirs certains, sont revenus à eux avec empressement et avec confiance. Quelle apparence que ce rapprochement soit de nouveau rompu, et que parmi ces prêtres il s'en trouve qui abdiquent les pouvoirs bien légitimes qu'ils exercent aujourd'hui, pour se contenter de ceux qu'ils recevraient de vous, et dans lesquels ils savent bien que les fidèles instruits ne prendront jamais confiance, parce que tout pouvoir émané de vous dépend de celui que vous avez vous-même, c'est-à-dire de votre nomination et de votre mission, dont vous ne pouvez prouver la légitime origine. Un prêtre qui rétracterait sa rétractation, après trois années de persévérance dans celle-ci, aurait, convenez-en Citoyen, une conscience d'un genre bien nouveau, et se dévouerait à boire jusqu'à la lie, la plus pénible humiliation dans l'opinion publique.

Voilà, Citoyen, mes observations sur votre Lettre Pastorale. Je desire qu'elles vous persuadent, et qu'elles vous décident à renoncer à une dignité dont je ne vous crois pas légitime possesseur.

F I N.